Impressum
Verlag: BABADADA GmbH, Nedderfeld 112 , 22529 Hamburg
Geschäftsführer / Verlagsleitung: Harald Hof
Druck: Books on Demand GmbH, In de Tarpen 42, 22848 Norderstedt

Imprint
Publisher: BABADADA GmbH, Nedderfeld 112 , 22529 Hamburg, Germany
Managing Director / Publishing direction: Harald Hof
Print: Books on Demand GmbH, In de Tarpen 42, 22848 Norderstedt

kool
σχολείο

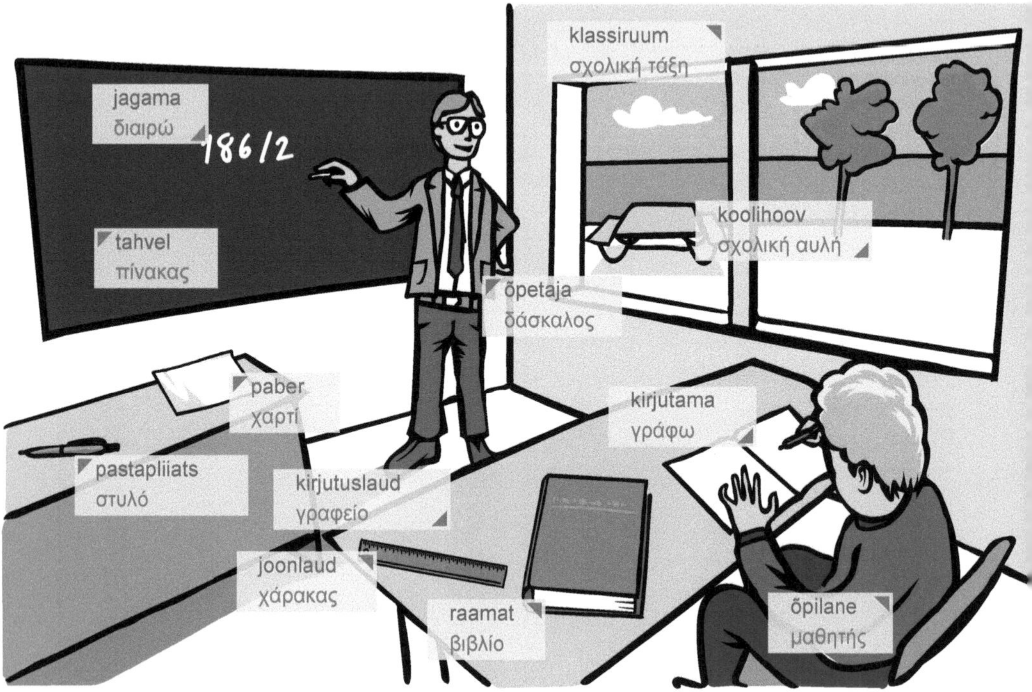

klassiruum
σχολική τάξη
jagama
διαιρώ
186/2
koolihoov
σχολική αυλή
tahvel
πίνακας
õpetaja
δάσκαλος
paber
χαρτί
kirjutama
γράφω
pastapliiats
στυλό
kirjutuslaud
γραφείο
joonlaud
χάρακας
raamat
βιβλίο
õpilane
μαθητής

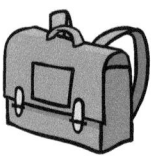

koolikott

σχολική τσάντα

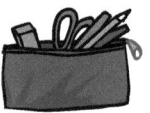

pinal

κασετίνα/ μολυβοθήκη

harilik pliiats

μολύβι

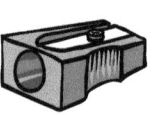

pliiatsiteritaja

ξύστρα

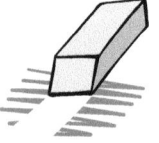

kustukumm

γόμα

joonistusplokk

μπλοκ ζωγραφικής

joonistus

ζωγραφική

pintsel

πινέλο

värvikarp

κουτί χρωμάτων

käärid

ψαλίδι

liim

κόλλα

töövihik

τετράδιο ασκήσεων

kodutöö

εργασία για το σπίτι

number

αριθμός

liitma

προσθέτω

lahutama

αφαιρώ

korrutama

πολλαπλασιάζω

arvutama

υπολογίζω

täht

γράμμα

tähestik

αλφάβητο

sõna

λέξη

tekst

κείμενο

lugema

διαβάζω

kriit

κιμωλία

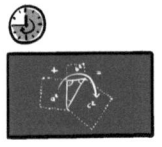

koolitund

μάθημα

klassipäevik

εγγράφομαι

eksam

τεστ

tunnistus

πιστοποιητικό

koolivorm

μαθητική στολή

haridus

εκπαίδευση

entsüklopeedia

εγκυκλοπαίδεια

ülikool

πανεπιστήμιο

mikroskoop

μικροσκόπιο

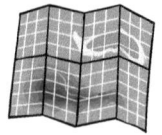

kaart

χάρτης

paberikorv

καλάθι αχρήστων

reisimine
ταξίδι

hotell
ξενοδοχείο
Grand
hostel
ξενώνας
ROOMS
EXCHANGE
valuutavahetuspunkt
ανταλλακτήρια συναλλάγματος
kohver
βαλίτσα
auto
αυτοκίνητο

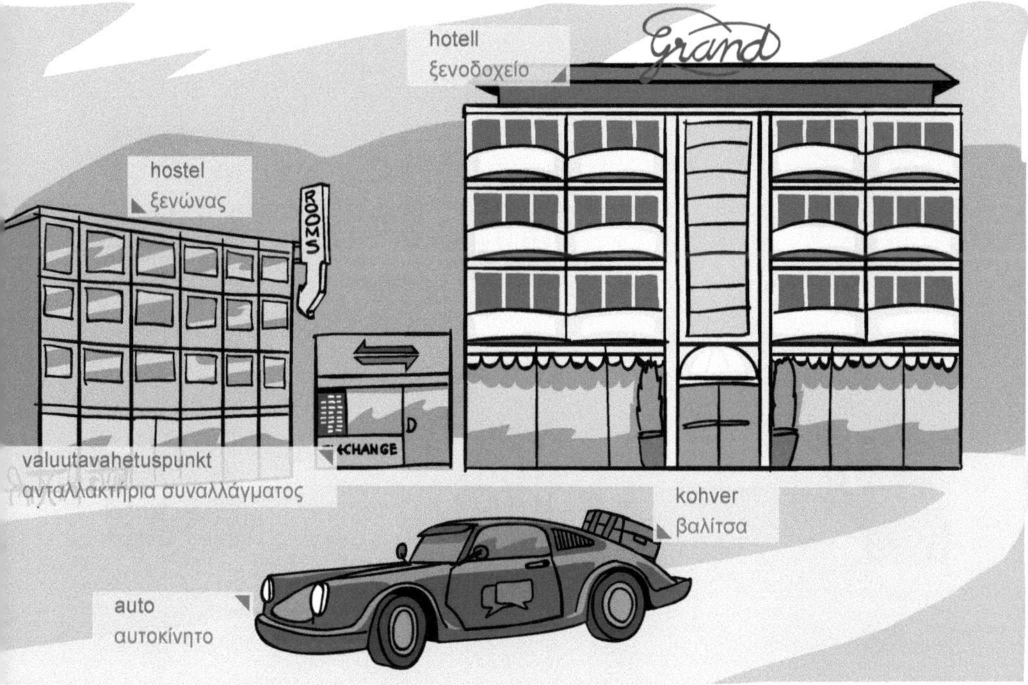

keel
γλώσσα

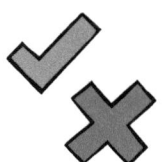

jah / ei
ναι / όχι

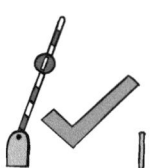

okei
εντάξει

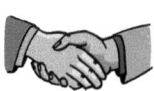

Tere!
γεια σου

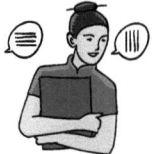

tõlk
μεταφραστής

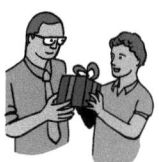

Aitäh!
Ευχαριστώ

Kui palju maksab …?

πόσο κάνει ;

Ma ei saa aru

Δε καταλαβαίνω

probleem

πρόβλημα

Tere õhtust!

Καλησπέρα!

Tere hommikust!

Καλημέρα!

Head ööd!

Καληνύχτα!

Head aega!

Αντίο

suund

κατεύθυνση

pagas

αποσκευές

kott

τσάντα

seljakott

σακίδιο πλάτης

külaline

καλεσμένος

tuba

δωμάτιο

magamiskott

υπνόσακος

telk

σκηνή

turismiinfo

τουριστικές πληροφορίες

rand

παραλία

krediitkaart

πιστωτική κάρτα

hommikusöök

πρωινό

lõunasöök

μεσημεριανό

õhtusöök

δείπνο

pilet

εισιτήριο

lift

ανελκυστήρας

postmark

γραμματόσημο

riigipiir

σύνορα

toll

τελωνείο

saatkond

πρεσβεία

viisa

βίζα

pass

διαβατήριο

transport
μεταφορά

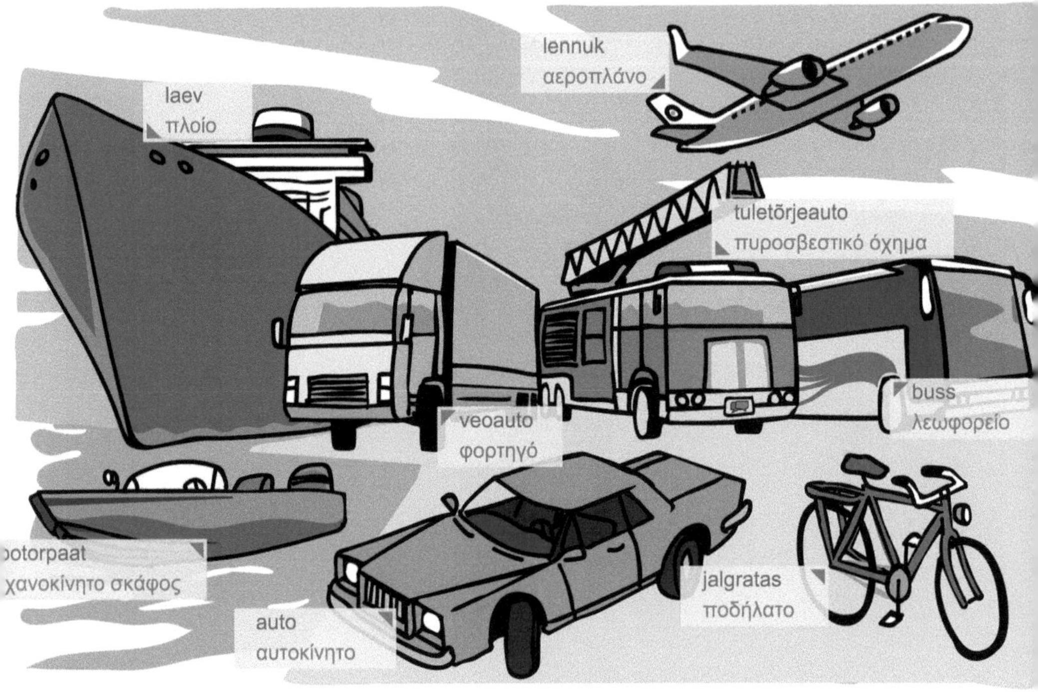
lennuk
αεροπλάνο
laev
πλοίο
tuletõrjeauto
πυροσβεστικό όχημα
buss
λεωφορείο
veoauto
φορτηγό
otorpaat
χανοκίνητο σκάφος
jalgratas
ποδήλατο
auto
αυτοκίνητο

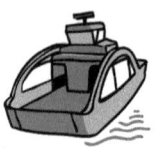

praam

φεριμπότ

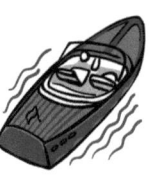

paat

βάρκα

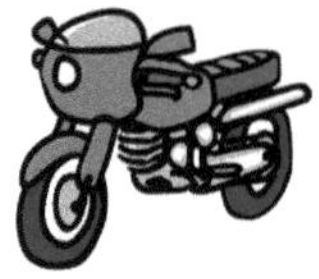

mootorratas

μοτοσικλέτα

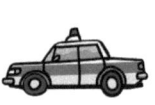

politseiauto

περιπολικό

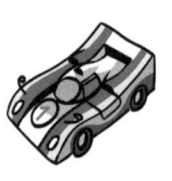

võidusõiduauto

αγωνιστικό αυτοκίνητο

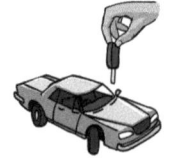

rendiauto

ενοικιαζόμενο αυτοκίνητο

ühisauto
διαμοιρασμός αυτοκινήτων

puksiirauto
γερανός

prügiauto
απορριμματοφόρο

mootor
κινητήρας

kütus
καύσιμο

tankla
βενζινάδικο

liiklusmärk
πινακίδα σήμανσης

liiklus
κυκλοφορία

liiklusummik
κυκλοφοριακή συμφόρηση

parkla
χώρος στάθμευσης

raudteejaam
σιδηροδρομικός σταθμός

rööpad
σιδηροδρομικές γραμμές

rong
τρένο

tramm
τραμ

vagun
βαγόνι

helikopter
ελικόπτερο

lennujaam
αεροδρόμιο

torn
πύργος

reisija
επιβάτης

konteiner
εμπορευματοκιβώτιο

pappkast
χαρτοκιβώτιο

käru
καρότσι

korv
καλάθι

õhku tõusma / maanduma
απογειώνομαι /
προσγειόνομαι

linn

πόλη

küla
χωριό

kesklinn
κέντρο της πόλης

maja
σπίτι

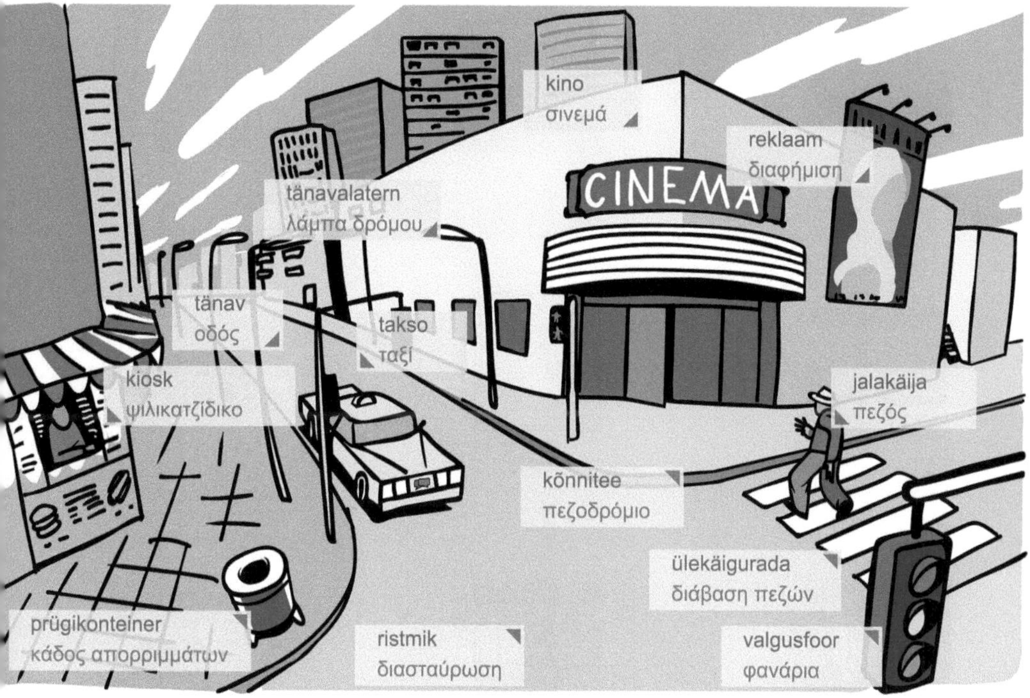

kino
σινεμά

reklaam
διαφήμιση

tänavalatern
λάμπα δρόμου

CINEMA

tänav
οδός

takso
ταξί

jalakäija
πεζός

kiosk
ψιλικατζίδικο

könnitee
πεζοδρόμιο

ülekäigurada
διάβαση πεζών

prügikonteiner
κάδος απορριμμάτων

ristmik
διασταύρωση

valgusfoor
φανάρια

osmik

καλύβα

kortermaja

διαμέρισμα

raudteejaam

σιδηροδρομικός σταθμός

raekoda

δημαρχείο

muuseum

μουσείο

kool

σχολείο

ülikool

πανεπιστήμιο

pank

τράπεζα

haigla

νοσοκομείο

hotell

ξενοδοχείο

apteek

φαρμακείο

kontor

γραφείο

raamatupood

βιβλιοπωλείο

kauplus

κατάστημα

lillepood

ανθοπωλείο

supermarket

σούπερ μάρκετ

turg

αγορά

kaubamaja

πολυκατάστημα

kalapood

ιχθυοπωλείο

kaubanduskeskus

εμπορικό κέντρο

sadam

λιμάνι

park

πάρκο

pink

παγκάκι

sild

γέφυρα

trepp

σκάλες

metroo

μετρό

tunnel

τούνελ

bussipeatus

στάση λεωφορείου

baar

μπαρ

restoran

εστιατόριο

postkast

γραμματοκιβώτιο

tänavasilt

πινακίδα δρόμου

parkimisautomaat

παρκόμετρο

loomaaed

ζωολογικός κήπος

ujula

πισίνα

mošee

τζαμί

talu

αγρόκτημα

reostus

ρύπανση

surnuaed

νεκροταφείο

kirik

εκκλησία

mänguväljak

παιδική χαρά

tempel

ναός

maastik
τοπίο

leht
φύλλο

teeviit
πινακίδα κατεύθυνσης

tee
δρόμος

aas
λιβάδι

kivi
πέτρα

puu
δέντρο

matkaja
πεζοπόρος

jõgi
ποτάμι

rohi
χορτάρι

lill
λουλούδι

org

κοιλάδα

mägi

λόφος

järv

λίμνη

mets

δάσος

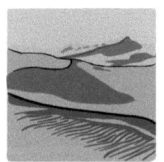

kõrb

έρημος

vulkaan

ηφαίστειο

linnus

κάστρο

vikerkaar

ουράνιο τόξο

seen

μανιτάρι

palm

φοίνικας

sääsk

κουνούπι

kärbes

μύγα

sipelgas

μυρμήγκι

mesilane

μέλισσα

ämblik

αράχνη

mardikas

σκαθάρι

konn

βάτραχος

orav

σκίουρος

siil

σκαντζόχοιρος

jänes

λαγός

öökull

κουκουβάγια

lind

πουλί

luik

κύκνος

metssiga

αγριογούρουνο

hirv

ελάφι

põder

άλκη

pais

φράγμα

tuuleturbiin

ανεμογεννήτρια

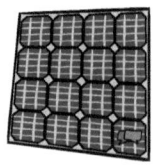

päikesepaneel

ηλιακός συλλέκτης

kliima

κλίμα

restoran
εστιατόριο

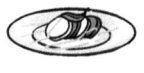

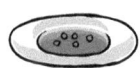

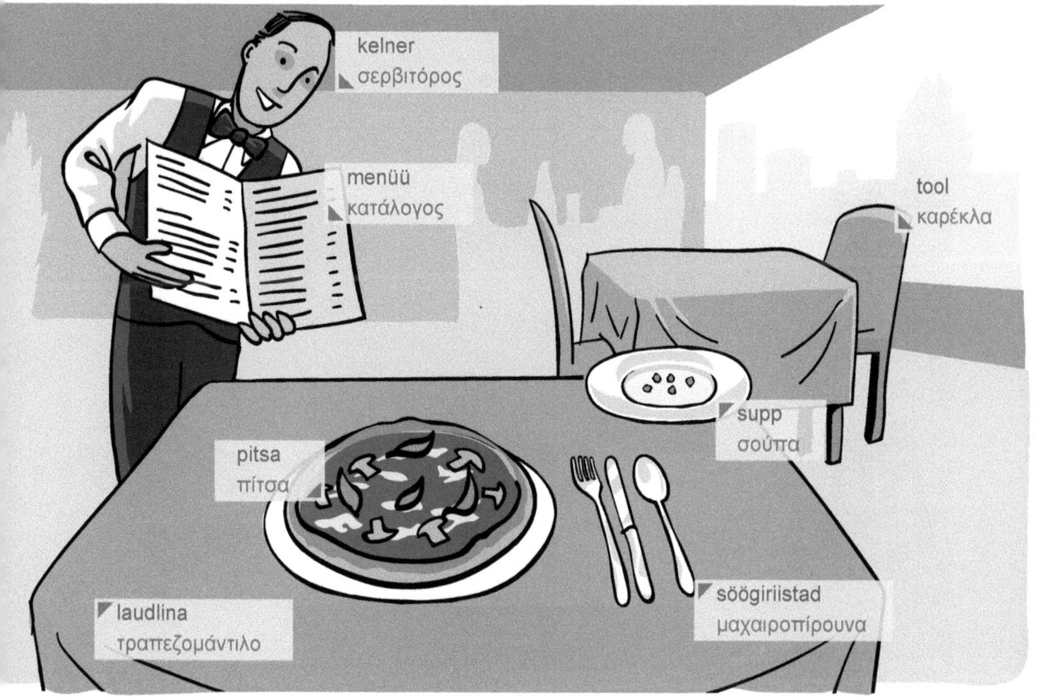
kelner
σερβιτόρος
menüü
κατάλογος
tool
καρέκλα
supp
σούπα
pitsa
πίτσα
laudlina
τραπεζομάντιλο
söögiriistad
μαχαιροπίρουνα

eelroog

ορεκτικό

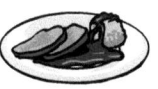

pearoog

κύριο πιάτο

magustoit

επιδόρπιο

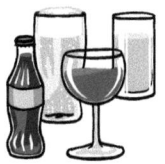

joogid

ποτά

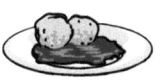

toit

φαγητό

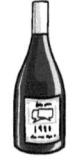

pudel

μπουκάλι

kiirtoit

φαστ φουντ

tänavatoit

φαγητό στ' όρθιο

teekann

τσαγιέρα

suhkrutoos

δοχείο ζάχαρης

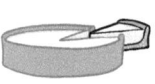

portsjon

μερίδα

espressomasin

μηχανή εσπρέσο

lastetool

ψηλή καρέκλα

arve

λογαριασμός

kandik

δίσκος

nuga

μαχαίρι

kahvel

πιρούνι

lusikas

κουτάλι

teelusikas

κουταλάκι του τσαγιού

salvrätik

πετσέτα φαγητού

klaas

ποτήρι

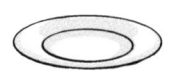

taldrik

πιάτο

supitaldrik

πιάτο σούπας

alustass

πιατάκι φλιτζανιού

kaste

σάλτσα

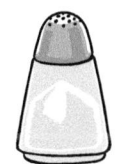

soolatoos

αλατιέρα

pipraveski

μύλος για πιπέρι

äädikas

ξύδι

õli

λάδι

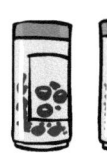

vürtsid

μπαχαρικά

ketšup

κέτσαπ

sinep

μουστάρδα

majonees

μαγιονέζα

supermarket

σούπερ μάρκετ

eripakkumine
προσφορά
FOR
klient
πελάτης
piimatooted
γαλακτοκομικά προϊόντα
puuviljad
φρούτα
ostukäru
καρότσι για ψώνια

BUTCHERS

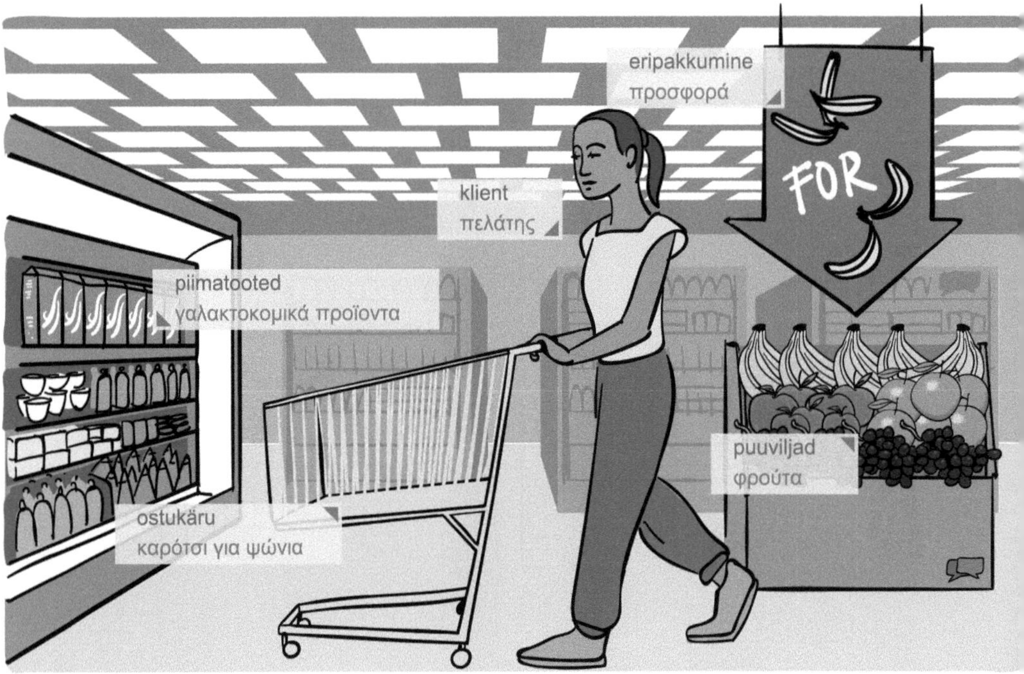

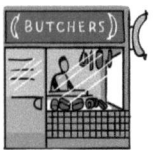

lihapood

κρεοπωλείο

BAKERY

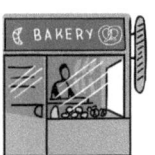

pagariäri

φούρνος

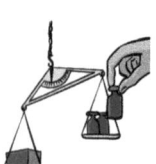

kaaluma

ζυγίζω

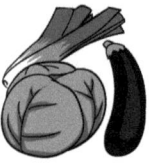

köögiviljad

λαχανικά

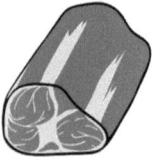

liha

κρέας

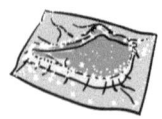

külmutatud toit

κατεψυγμένα τρόφιμα

lihalõigud

αλλαντικά

konservid

κονσερβοποιημένη τροφή

pesupulber

απορρυπαντικό ρούχων

maiustused

γλυκά

majatarbed

οικιακά είδη

puhastustooted

καθαριστικά προϊόντα

müüja

πωλήτρια

kassaaparaat

ταμείο

kassapidaja

ταμίας

ostunimekiri

λίστα για ψώνια

lahtiolekuajad

ωράριο λειτουργίας

rahakott

πορτοφόλι

krediitkaart

πιστωτική κάρτα

kott

τσάντα

kilekott

πλαστική σακούλα

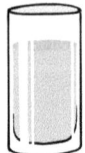

vesi

νερό

mahl

χυμός

piim

γάλα

koola

κόκα κόλα

vein

κρασί

õlu

μπίρα

alkohol

αλκοόλ

kakao

κακάο

tee

τσάι

kohv

καφές

espresso

εσπρέσο

cappuccino

καπουτσίνο

banaan

μπανάνα

õun

μήλο

apelsin

πορτοκάλι

arbuus

πεπόνι

sidrun

λεμόνι

porgand

καρότο

küüslauk

σκόρδο

bambus

μπαμπού

sibul

κρεμμύδι

seen

μανιτάρι

pähklid

ξηροί καρποί

nuudlid

νουντλς

spagetid

μακαρόνια

riis

ρύζι

salat

σαλάτα

friikartulid

πατατάκια

praekartulid

τηγανητές πατάτες

pitsa

πίτσα

hamburger

χάμπουργκερ

võileib

σάντουιτς

šnitsel

κοτολέτα

sink

ζαμπόν

salaami

σαλάμι

vorst

λουκάνικο

kana

κοτόπουλο

praeliha

ψητό

kala

ψάρι

kaerahelbed

χυλός βρώμης

müsli

μούσλι

maisihelbed

κορν φλέικς

jahu

αλεύρι

sarvesai

κρουασάν

kukkel

ψωμάκι

leib

ψωμί

röstsai

τοστ

küpsised

μπισκότα

või

βούτυρο

kohupiim

τυρόπηγμα

kook

κέικ

muna

αυγό

praemuna

τηγανητό αυγό

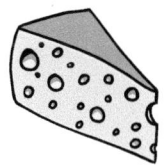

juust

τυρί

jäätis

παγωτό

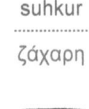

suhkur

ζάχαρη

mesi

μέλι

moos

μαρμελάδα

pähklivõie

άλλειμμα σοκολάτας

karri

κάρυ

talu

αγρόκτημα

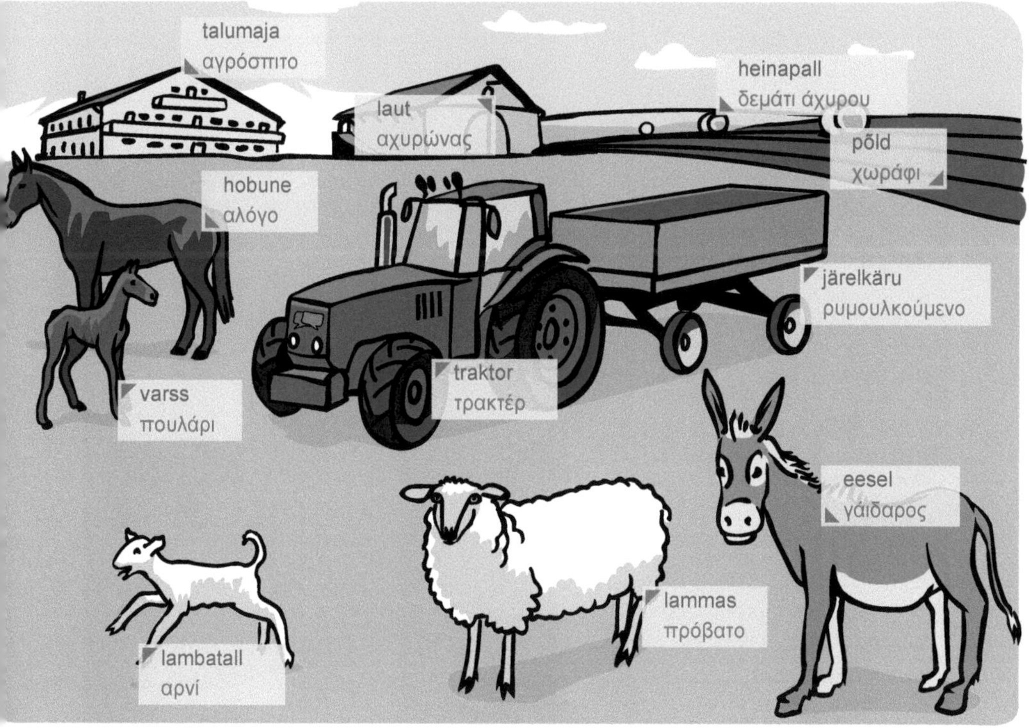
talumaja
αγρόσπιτο
laut
αχυρώνας
heinapall
δεμάτι άχυρου
põld
χωράφι
hobune
αλόγο
järelkäru
ρυμουλκούμενο
traktor
τρακτέρ
varss
πουλάρι
eesel
γάιδαρος
lammas
πρόβατο
lambatall
αρνί

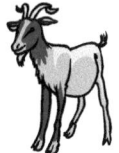

kits
κατσίκα

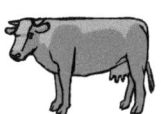

lehm
αγελάδα

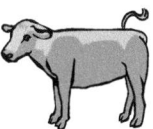

vasikas
μοσχαράκι

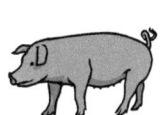

siga
γουρούνι

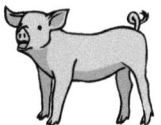

põrsas
γουρουνάκι

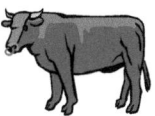

pull
ταύρος

hani

χήνα

part

πάπια

tibu

κοτοπουλάκι

kana

κότα

kukk

κόκορας

rott

αρουραίος

kass

γάτα

hiir

ποντίκι

härg

βόδι

koer

σκύλος

koerakuut

σπιτάκι σκύλου

aiavoolik

λάστιχο κήπου

kastekann

ποτιστήρι

vikat

θεριστήρι

ader

αλέτρι

sirp
δρεπάνι

kõblas
τσάπα

hang
δίκρανο

kirves
τσεκούρι

käru
χειράμαξα

küna
ταΐστρα

piimanõu
δοχείο γάλακτος

kott
σάκος

tara
φράχτης

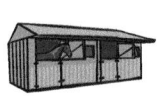

tall
στάβλος

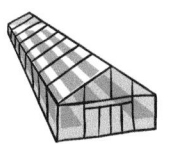

kasvuhoone
θερμοκήπιο

muld
έδαφος

seeme
σπόρος

väetis
λίπασμα

kombain
θεριζοαλωνιστική μηχανή

talu - αγρόκτημα

saaki koristama

θερίζω

saagikoristus

συγκομιδή

jamss

γιαμς

nisu

σιτάρι

soja

σόγια

kartul

πατάτα

mais

καλαμπόκι

raps

κράμβη

viljapuu

οπωροφόρο δέντρο

maniokk

μανιόκα

teravili

δημητριακά

maja
σπίτι

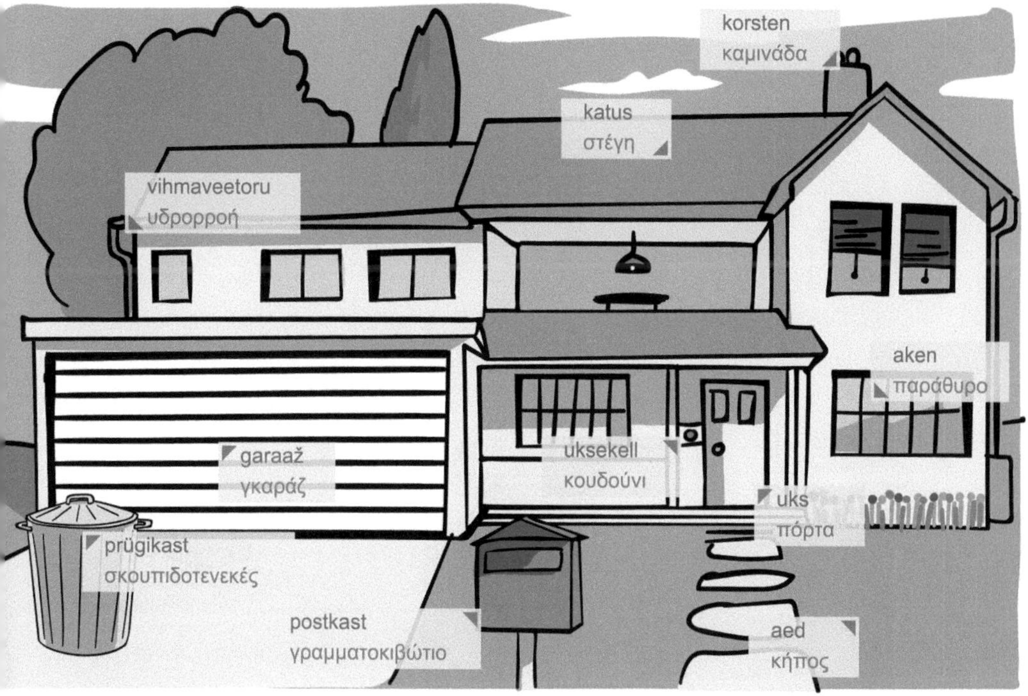
korsten
καμινάδα
katus
στέγη
vihmaveetoru
υδρορροή
aken
παράθυρο
garaaž
γκαράζ
uksekell
κουδούνι
uks
πόρτα
prügikast
σκουπιδοτενεκές
postkast
γραμματοκιβώτιο
aed
κήπος

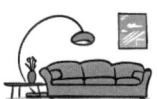

elutuba

σαλόνι

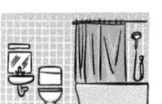

vannituba

μπάνιο

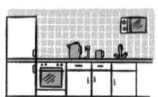

köök

κουζίνα

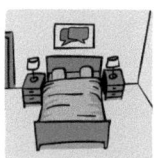

magamistuba

υπνοδωμάτιο

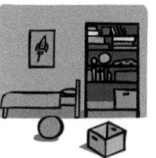

lastetuba

παιδικό δωμάτιο

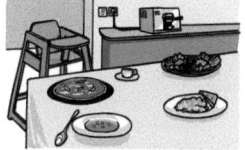

söögituba

τραπεζαρία

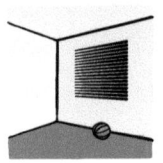

põrand

πάτωμα

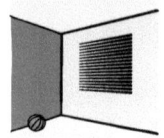

sein

τοίχος

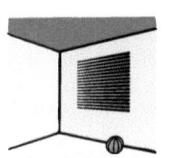

lagi

οροφή

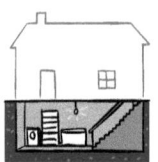

kelder

κελάρι

saun

σάουνα

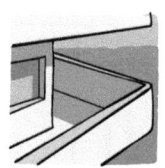

rõdu

μπαλκόνι

terrass

βεράντα

bassein

πισίνα

muruniiduk

μηχανή του γκαζόν

voodilina

σεντόνι

päevatekk

κάλυμμα κρεβατιού

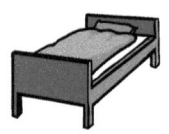

voodi

κρεβάτι

luud

σκούπα

ämber

κουβάς

lüliti

διακόπτης

elutuba
σαλόνι

tapeet
ταπετσαρία
pilt
φωτογραφία
lamp
λάμπα
riiul
ράφι
kapp
ντουλάπι
televiisor
τηλεόραση
kamin
τζάκι
lill
λουλούδι
padi
μαξιλάρι
diivan
καναπές
vaas
βάζο
kaugjuhtimispult
τηλεκοντρόλ

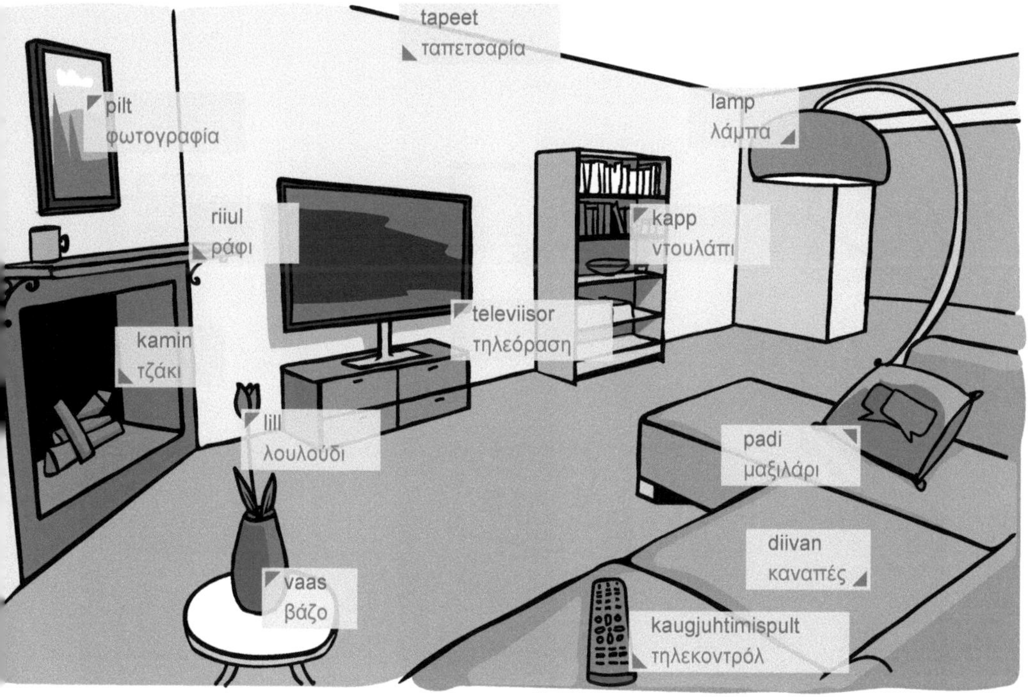

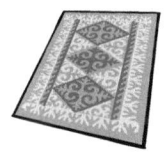

vaip

χαλί

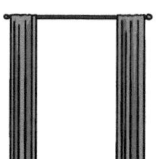

kardin

κουρτίνα

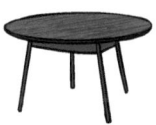

laud

τραπέζι

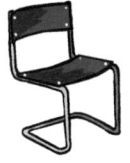

tool

καρέκλα

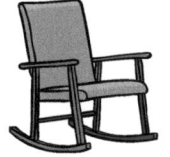

kiiktool

κουνιστή πολυθρόνα

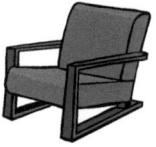

tugitool

πολυθρόνα

raamat

βιβλίο

tekk

κουβέρτα

kaunistus

διακόσμηση

küttepuud

καυσόξυλα

film

ταινία

helisüsteem

στερεοφωνικό σύστημα

võti

κλειδί

ajaleht

εφημερίδα

maal

πίνακας ζωγραφικής

plakat

αφίσα

raadio

ραδιόφωνο

märkmik

σημειωματάριο

tolmuimeja

ηλεκτρική σκούπα

kaktus

κάκτος

küünal

κερί

köök
κουζίνα

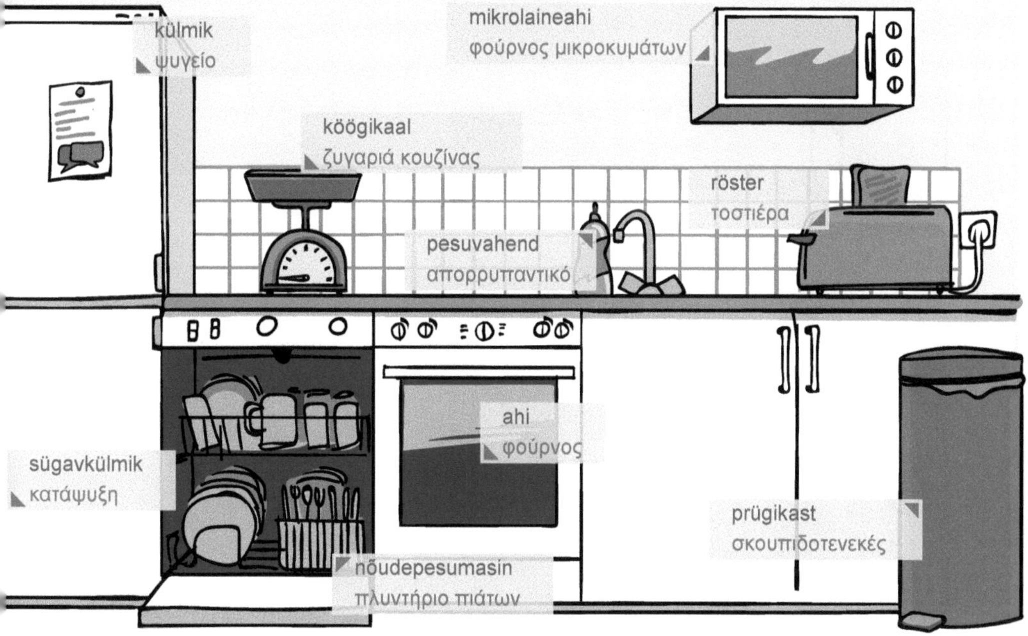
külmik
ψυγείο
mikrolaineahi
φούρνος μικροκυμάτων
köögikaal
ζυγαριά κουζίνας
röster
τοστιέρα
pesuvahend
απορρυπαντικό
ahi
φούρνος
sügavkülmik
κατάψυξη
prügikast
σκουπιδοτενεκές
nõudepesumasin
πλυντήριο πιάτων

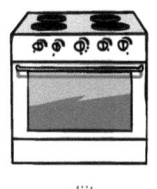

pliit
κουζίνα

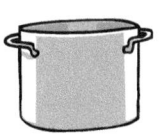

pott
κατσαρόλα

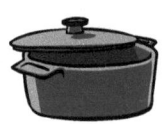

malmpott
μαντεμένια κατσαρόλα

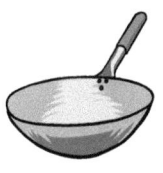

vokkpann
γουόκ/καντάι

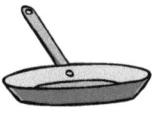

pann
τηγάνι

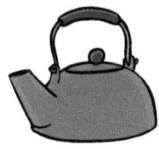

veekeetja
βραστήρας

aurutaja

ατμομάγειρας

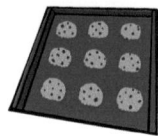

küpsetusplaat

ταψί

lauanõud

πιατικά

kruus

κούπα

kauss

μπολ

söögipulgad

ξυλάκια

kulp

κουτάλα

pannilabidas

σπάτουλα

vispel

ανακατεύω

kurn

σουρωτήρι

sõel

σουρωτηράκι

riiv

τρίφτης

uhmer

γουδί

grill

ψησταριά

lahtine tuli

ανοιχτή φωτιά

lõikelaud
σανίδα κοπής

tainarull
πλάστης

korgitser
ανοιχτήρι φελλών

konservipurk
κονσέρβα

konserviavaja
ανοιχτήρι κονσέρβας

pajakinnas
γάντι φούρνου

kraanikauss
νεροχύτης

hari
βούρτσα

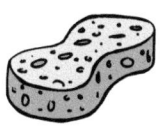

pesukäsn
σφουγγάρι

kannmikser
μπλέντερ

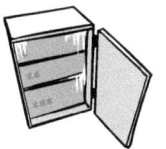

sügavkülmuti
καταψύκτης

lutipudel
μπιμπερό

segisti
βρύση

vannituba
μπάνιο

küte
θέρμανση
käterätik
πετσέτα
dušš
ντους
dušikardin
κουρτίνα ντουζ
mullivann
αφρόλουτρο
vann
μπανιέρα
klaas
ποτήρι
pesumasin
πλυντήριο ρούχων
segisti
βρύση
plaadid
πλακάκια
pissipott
γιογιό
kraanikauss
νεροχύτης

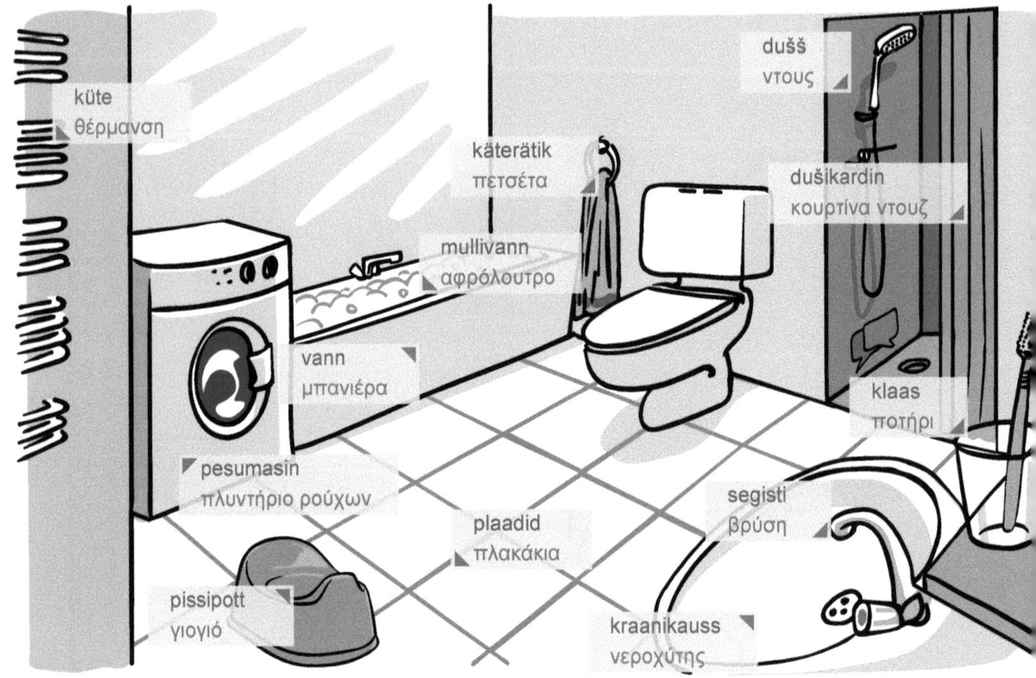

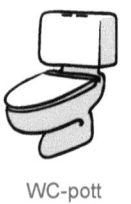

WC-pott
τουαλέτα

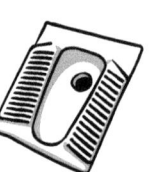

kükitamistualett
τούρκικη τουαλέτα

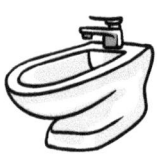

bidee
μπιντές

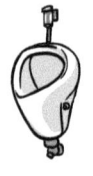

pissuaar
ουρητήριο

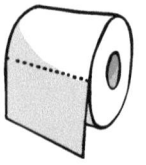

tualettpaber
χαρτί υγείας

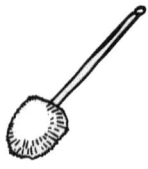

WC-hari
πιγκάλ

hambahari

οδοντόβουρτσα

hambapasta

οδοντόκρεμα

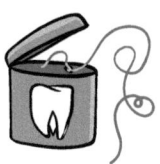

hambaniit

οδοντικό νήμα

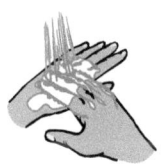

pesema

πλένω

käsidušš

τηλέφωνο ντους

intiimdušš

ντουσιέρα

pesukauss

λεκάνη

seljahari

βούρτσα πλάτης

seep

σαπούνι

dušigeel

αφρόλουτρο

šampoon

σαμπουάν

vamm

φανέλα

äravool

σιφόνι

kreem

κρέμα

deodorant

αποσμητικό

peegel

καθρέφτης

käsipeegel

καθρέφτης χειρός

habemenuga

ξυραφάκι

raseerimisvaht

αφρός ξυρίσματος

habemevesi

αφτερσέιβ

kamm

χτένα

hari

βούρτσα

föön

σεσουάρ

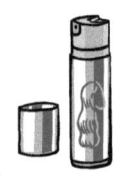

juukselakk

λακ

meigikomplekt

μακιγιάζ

huulepulk

κραγιόν

küünelakk

βερνίκι νυχιών

vatt

βαμβάκι

küünekäärid

ψαλίδι νυχιών

parfüüm

άρωμα

tualett-tarvete kott

νεσεσέρ

taburet

σκαμπό

kaal

ζυγαριά

hommikumantel

μπουρνούζι

kummikindad

ελαστικά γάντια

tampoon

ταμπόν

hügieeniside

πετσέτα υγιεινής

keemiline tualett

χημική τουαλέτα

lastetuba
παιδικό δωμάτιο

äratuskell
ξυπνητήρι
pehme mänguasi
λούτρινο ζωάκι
mänguauto
αυτοκινητάκι
kõristi
κουδουνίστρα
nukumaja
κουκλόσπιτο
kingitus
δώρο

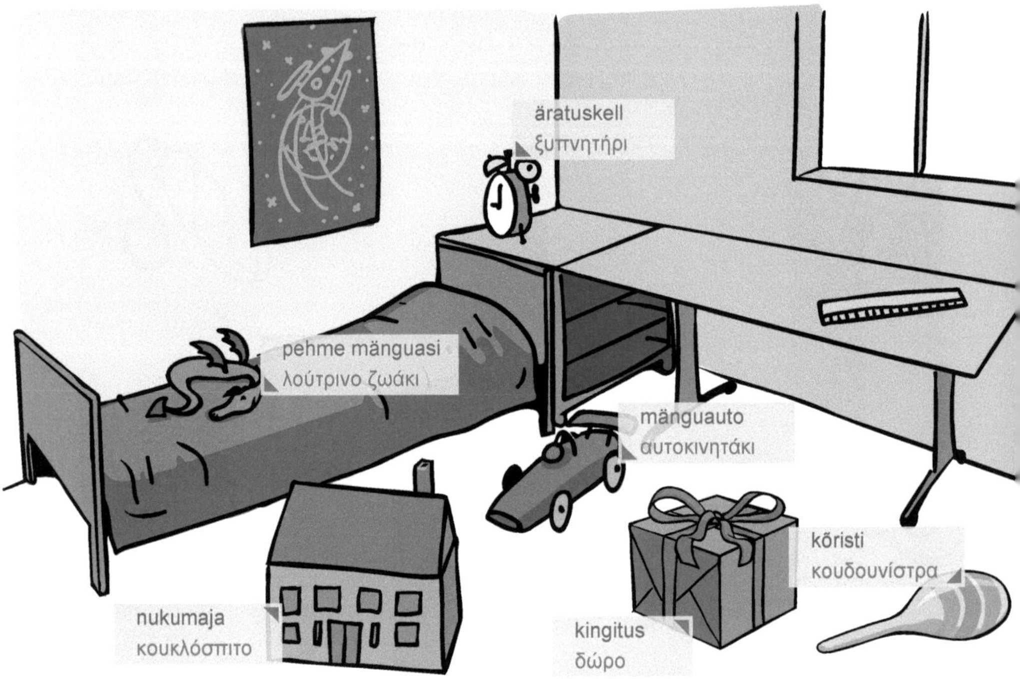

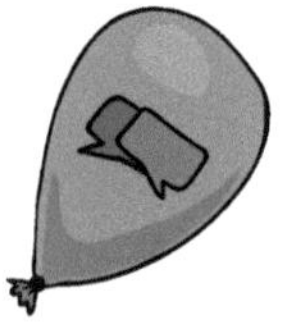

õhupall
μπαλόνι

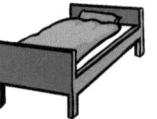

voodi
κρεβάτι

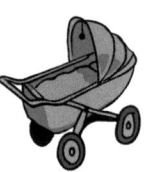

lapsevanker
καροτσάκι

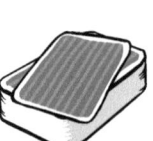

kaardipakk
τράπουλα

pusle
παζλ

SUPER
MEGA

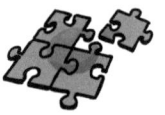

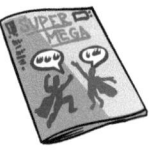

koomiks
κόμικς

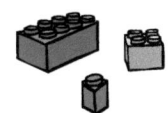

Lego klotsid

τουβλάκια lego

klotsid

τουβλάκια κατασκευών

kujuke

φιγούρα δράσης

siputuspüksid

βρεφικό φορμάκι

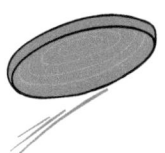

lendav taldrik

φρίσμπι

voodikarussell

μόμπιλο

lauamäng

επιτραπέζιο παιχνίδι

täringud

ζάρια

mudelrong

σετ τρενάκι

lutt

πιπίλα

pidu

πάρτι

pildiraamat

εικονογραφημένο βιβλίο

pall

μπάλα

nukk

κούκλα

mängima

παίζω

liivakast

σκάμμα με άμμο

kiik

κούνια

mänguasjad

παιχνίδια

mängukonsool

κονσόλα βιντεοπαιχνιδιών

kolmerattaline jalgratas

τρίκυκλο

mängukaru

αρκουδάκι

riidekapp

ντουλάπα

riietus
ρούχα

sokid

κάλτσες

sukad

καλτσοδέτες

sukkpüksid

καλσόν

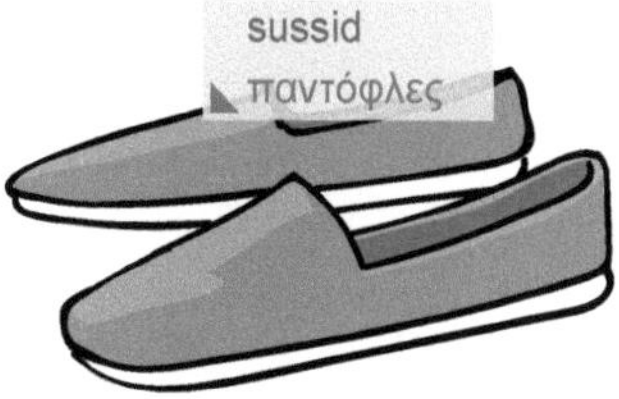

sall
κασκόλ

vihmavari
ομπρέλα

T-särk
μπλουζάκι

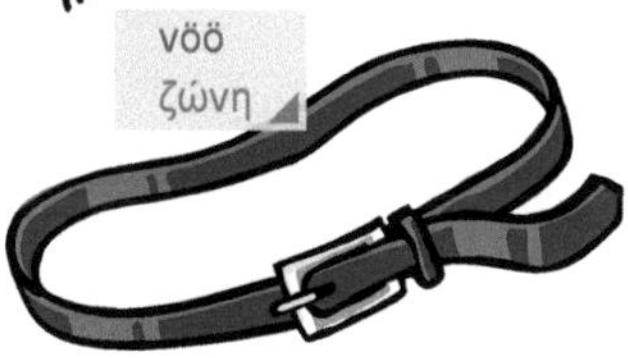

nöö
ζώνη

saapad
μπότες

sussid
παντόφλες

tossud
αθλητικά παπούτσια

sandaalid
σανδάλια

jalatsid
παπούτσια

kummikud
γαλότσες

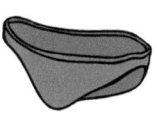

aluspüksid
εσώρουχο

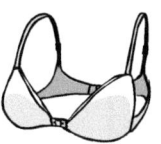

rinnahoidja
σουτιέν

vest
φανέλα

bodi

σώμα

püksid

παντελόνι

teksapüksid

τζιν παντελόνι

seelik

φούστα

pluus

μπλούζα

särk

πουκάμισο

sviiter

πουλόβερ

dressipluus

πουλόβερ

bleiser

σακάκι

jakk

μπουφάν

mantel

παλτό

vihmamantel

αδιάβροχο πανωφόρι

kostüüm

κοστούμι

kleit

φόρεμα

pulmakleit

νυφικό

ülikond
κοστούμι

öösärk
νυχτικό

pidžaama
πιτζάμες

sari
σάρι

pearätt
μαντήλι

turban
τουρμπάνι

burka
μπούρκα

kaftan
καφτάνι

abayah
μουσουλμανικό ένδυμα

ujumistrikoo
ολόσωμο μαγιό

ujumispüksid
ανδρικό μαγιό

lühikesed püksid
σορτς

dressid
αθλητική φόρμα

põll
ποδιά

kindad
γάντια

nööp

κουμπί

prillid

γυαλιά

käevõru

βραχιόλι

kaelakee

περιδέραιο

sõrmus

δαχτυλίδι

kõrvarõngas

σκουλαρίκι

nokamüts

καπέλο

riidepuu

κρεμάστρα

kaabu

καπέλο

lips

γραβάτα

tõmblukk

φερμουάρ

kiiver

κράνος

traksid

τιράντες

koolivorm

μαθητική στολή

vormirõivad

στολή

pudipõll

σαλιάρα

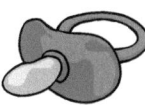

lutt

πιπίλα

mähe

πάνα

kontor
γραφείο

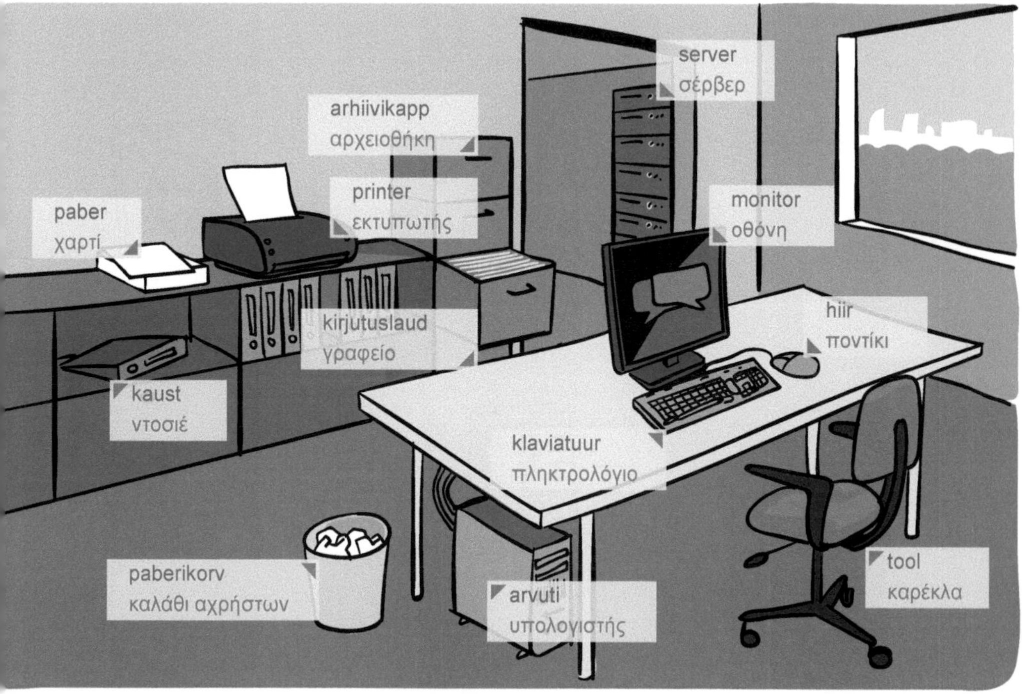

server
σέρβερ

arhiivikapp
αρχειοθήκη

printer
εκτυπωτής

paber
χαρτί

monitor
οθόνη

kirjutuslaud
γραφείο

hiir
ποντίκι

kaust
ντοσιέ

klaviatuur
πληκτρολόγιο

paberikorv
καλάθι αχρήστων

tool
καρέκλα

arvuti
υπολογιστής

kohvikruus

κούπα του καφέ

kalkulaator

κομπιουτεράκι

internet

ίντερνετ

sülearvuti

λάπτοπ

kiri

γράμμα

sõnum

μήνυμα

mobiiltelefon

κινητό

võrk

δίκτυο

koopiamasin

φωτοτυπικό μηχάνημα

tarkvara

λογισμικό

telefon

τηλέφωνο

pistikupesa

πρίζα

faksimasin

συσκευή φαξ

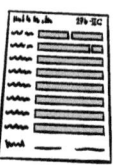

vorm

έντυπο

dokument

έγγραφο

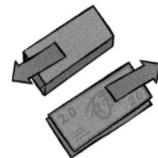

ostma

αγοράζω

maksma

πληρώνω

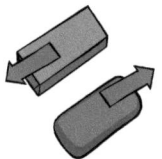

vahetama

συναλλάσσομαι

raha

χρήματα

 **USD**

dollar

δολάριο

 **EUR**

euro

ευρώ

JPY

jeen

γιεν

RUB

rubla

ρούβλι

CHF

Šveitsi frank

ελβετικό φράγκο

CNY

renminbi jüaan

ρενμίνμπι γιουάν

INR

ruupia

ρουπία

sularahaautomaat

ATM (αυτόματη ταμειακή μηχανή)

valuutavahetuspunkt

ανταλλακτήρια
συναλλάγματος

kuld

χρυσός

hõbe

ασήμι

nafta

πετρέλαιο

energia

ενέργεια

hind

τιμή

leping

συμβόλαιο

maks

φόρος

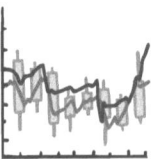

aktsia

μετοχή

töötama

δουλεύω

töötaja

υπάλληλος

tööandja

εργοδότης

tehas

εργοστάσιο

kauplus

κατάστημα

ametid
επαγγέλματα

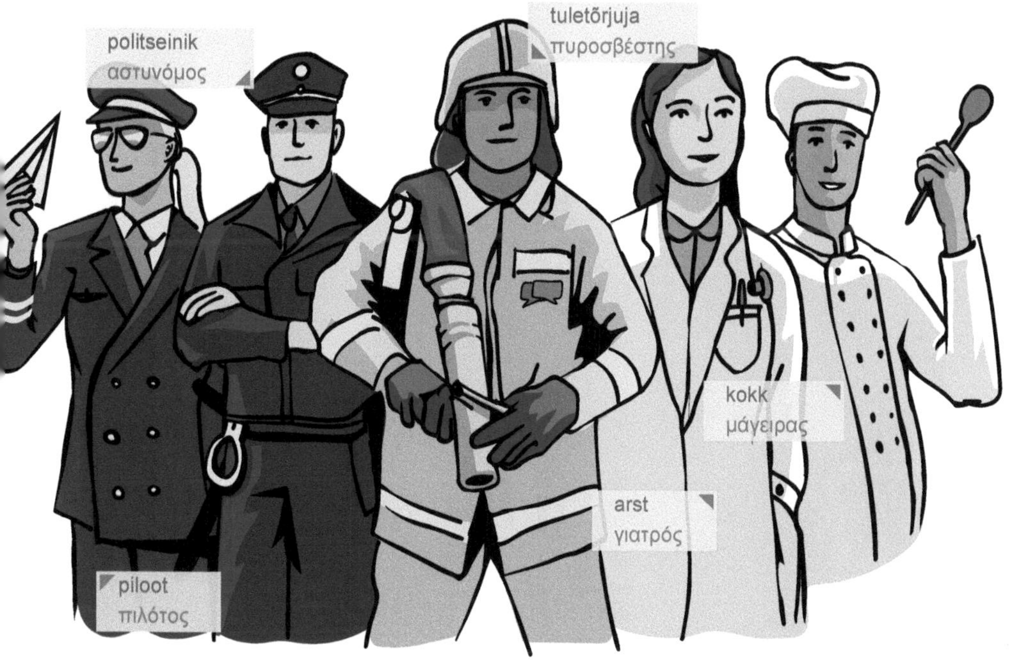

politseinik
αστυνόμος
tuletõrjuja
πυροσβέστης
kokk
μάγειρας
arst
γιατρός
piloot
πιλότος

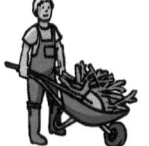

aednik

κηπουρός

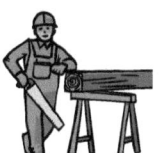

puusepp

ξυλουργός

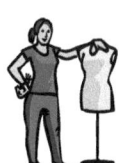

õmbleja

μοδίστρα

kohtunik

δικαστής

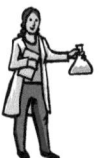

keemik

χημικός

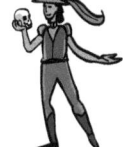

näitleja

ηθοποιός

bussijuht

οδηγός λεωφορείου

taksojuht

ταξιτζής

kalamees

ψαράς

koristaja

καθαρίστρια

katusepaigaldaja

τεχνίτης στεγών

kelner

σερβιτόρος

jahimees

κυνηγός

maaler

ζωγράφος

pagar

αρτοποιός

elektrik

ηλεκτρολόγος

ehitaja

οικοδόμος

insener

μηχανολόγος

lihunik

κρεοπώλης

torumees

υδραυλικός

postiljon

ταχυδρόμος

sõdur

στρατιώτης

arhitekt

αρχιτέκτονας

kassapidaja

ταμίας

lillemüüja

ανθοπώλης

juuksur

κομμωτής

piletikontrolör

ελεγκτής εισιτηρίων

mehaanik

μηχανικός

kapten

καπετάνιος

hambaarst

οδοντίατρος

teadlane

επιστήμονας

rabi

ραβίνος

imaam

ιμάμης

munk

μοναχός

preester

ιερέας

tööriistad
εργαλεία

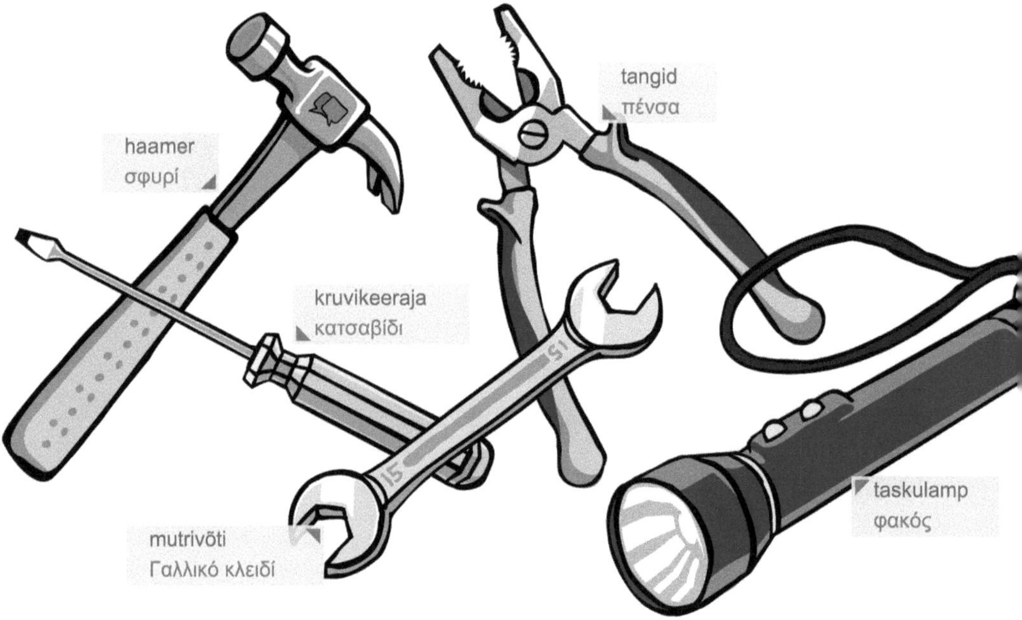

tangid
πένσα
haamer
σφυρί
kruvikeeraja
κατσαβίδι
mutrivõti
Γαλλικό κλειδί
taskulamp
φακός

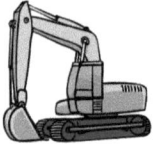

ekskavaator
....
εκσκαφέας

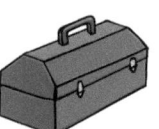

tööriistakast
....
εργαλειοθήκη

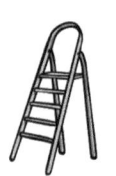

redel
....
σκάλα

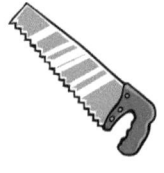

saag
....
πριόνι

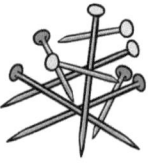

naelad
....
καρφιά

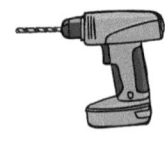

trell
....
τρυπάνι

parandama

επισκευάζω

labidas

φτυάρι

Põrgusse!

Να πάρει!

kühvel

φαράσι

värvipott

δοχείο χρωμάτων

kruvid

βίδες

pillid
μουσικά όργανα

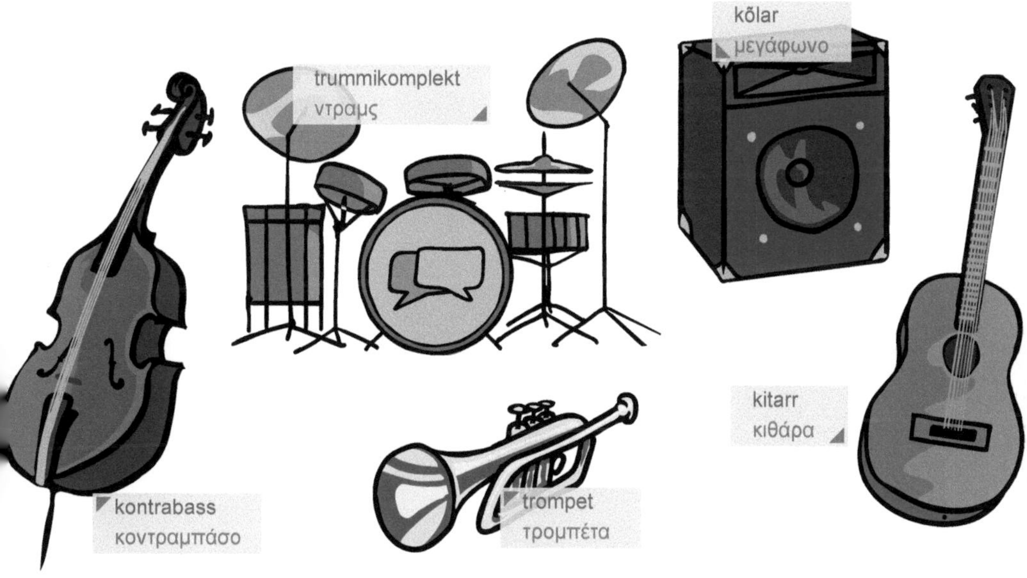

trummikomplekt
ντραμς

kõlar
μεγάφωνο

kontrabass
κοντραμπάσο

trompet
τρομπέτα

kitarr
κιθάρα

klaver

πιάνο

viiul

βιολί

bass

μπάσο

timpan

τύμπανα

trummid

τύμπανο

süntesaator

πλήκτρα

saksofon

σαξόφωνο

flööt

φλάουτο

mikrofon

μικρόφωνο

loomaaed
ζωολογικός κήπος

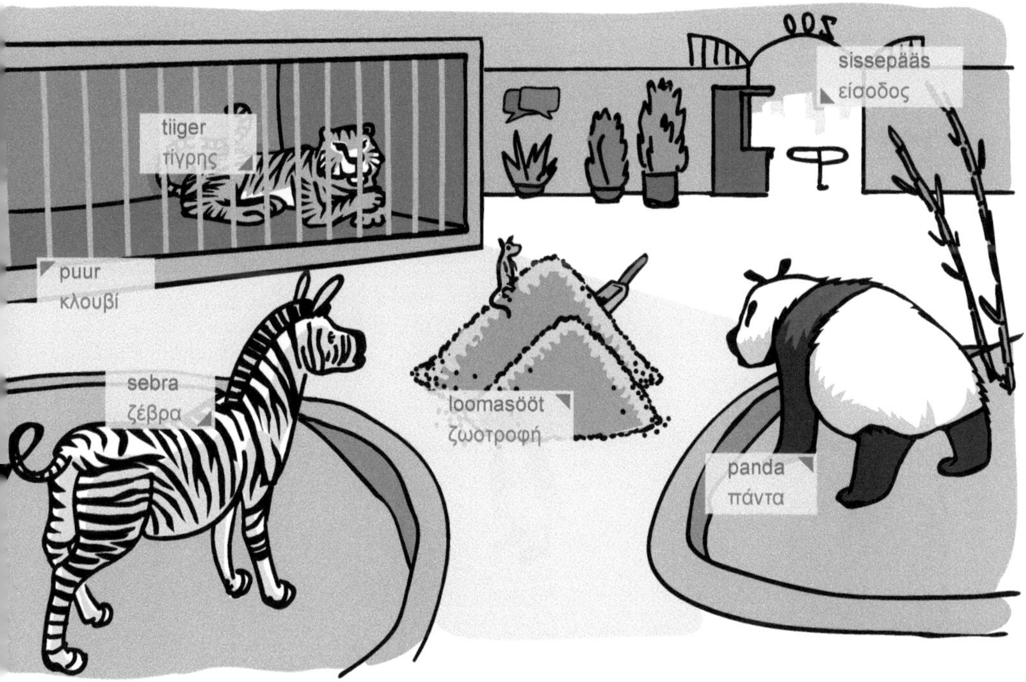
tiiger
τίγρης
sissepääs
είσοδος
puur
κλουβί
sebra
ζέβρα
loomasööt
ζωοτροφή
panda
πάντα

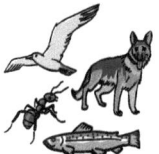

loomad
ζώα

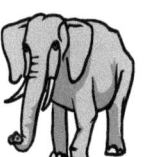

elevant
ελέφαντας

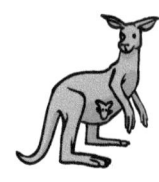

känguru
καγκουρό

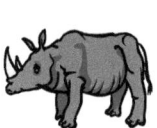

ninasarvik
ρινόκερος

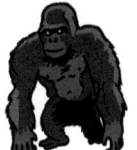

gorilla
γορίλας

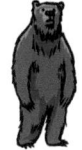

karu
αρκούδα

kaamel

καμήλα

jaanalind

στρουθοκάμηλος

lõvi

λιοντάρι

ahv

πίθηκος

flamingo

φλαμίνγκο

papagoi

παπαγάλος

jääkaru

πολική αρκούδα

pingviin

πιγκουίνος

hai

καρχαρίας

paabulind

παγώνι

madu

φίδι

krokodill

κροκόδειλος

loomaaiatalitaja

φύλακας ζωολογικού κήπου

hüljes

φώκια

jaaguar

τζάγκουαρ

poni

πόνυ

leopard

λεοπάρδαλη

jõehobu

ιπποπόταμος

kaelkirjak

καμηλοπάρδαλη

kotkas

αετός

metssiga

αγριογούρουνο

kala

ψάρι

kilpkonn

χελώνα

morsk

θαλάσσιος ίππος

rebane

αλεπού

gasell

γαζέλα

Ameerika jalgpall
Αμερικάνικο ποδόσφαιρο

jalgrattasõit
ποδηλασία

tennis
αντισφαίριση

korvpall
μπάσκετ

ujumine
κολύμβηση

jäähoki
χόκεϋ επί πάγου

poksimine
πυγχαμία

jalgpall
ποδόσφαιρο

sulgpall
μπάντμιντον

kergejõustik
στίβος

käsipall
χάντμπολ

suusatamine
σκι

polo
πόλο

tegevused
δραστηριότητες

naerma
γελάω
hüppama
πηδάω
kallistama
αγκαλιάζω
jalutama
περπατάω
laulma
τραγουδάω
unistama
ονειρεύομαι
palvetama
προσεύχομαι
suudlema
φιλάω

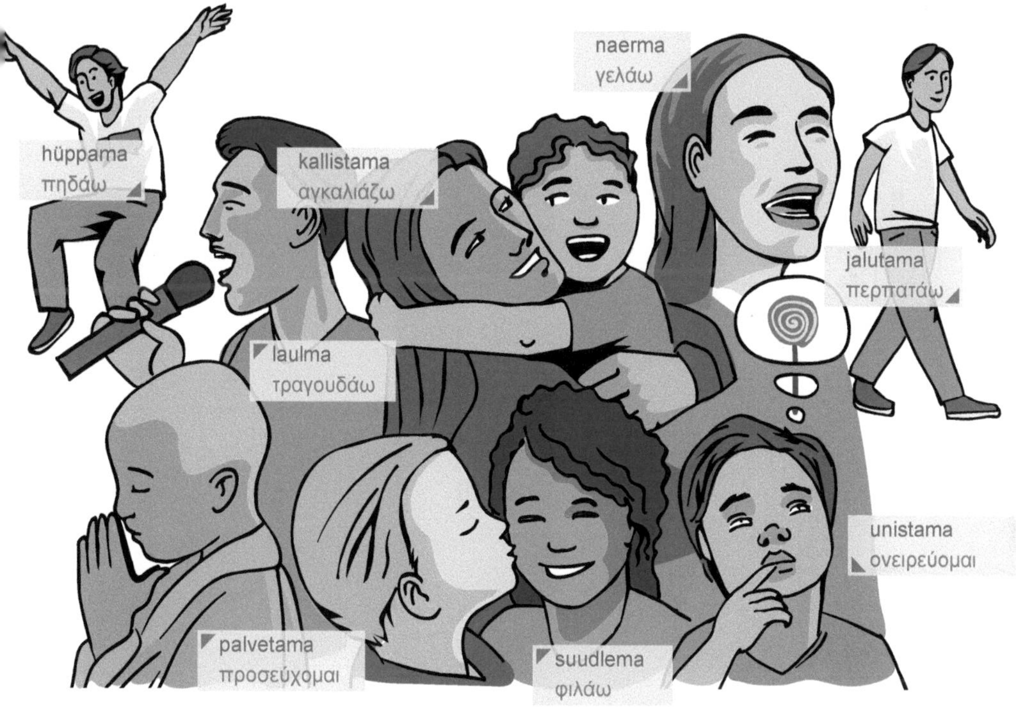

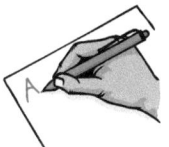

kirjutama
γράφω

joonistama
σχεδιάζω

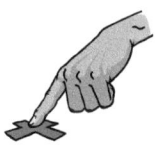

näitama
δείχνω

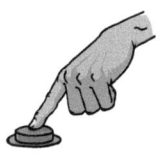

lükkama
πιέζω

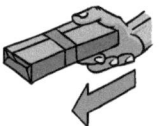

andma
δίνω

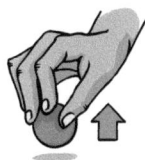

võtma
παίρνω

omama

έχω

tegema

κάνω

olema

είμαι

seisma

στέκομαι

jooksma

τρέχω

tõmbama

τραβάω

viskama

ρίχνω

kukkuma

πέφτω

lamama

ξαπλώνω

ootama

περιμένω

kandma

κουβαλώ

istuma

κάθομαι

riidesse panema

φοράω

magama

κοιμάμαι

ärkama

ξυπνάω

vaatama
κοιτάω

nutma
κλαίω

paitama
χαϊδεύω

kammima
χτενίζω

rääkima
μιλάω

aru saama
καταλαβαίνω

küsima
ρωτάω

kuulama
ακούω

jooma
πίνω

sööma
τρώω

korrastama
συγυρίζω

armastama
αγαπάω

süüa tegema
μαγειρεύω

sõitma
οδηγώ

lendama
πετάω

purjetama

κάνω ιστιοπλοΐα

arvutama

υπολογίζω

lugema

διαβάζω

õppima

μαθαίνω

töötama

δουλεύω

abielluma

παντρεύομαι

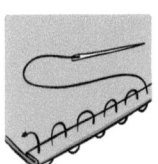

õmblema

ράβω

hambaid pesema

βουρτσίζω τα δόντια

tapma

σκοτώνω

suitsetama

καπνίζω

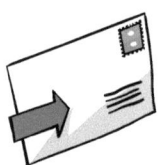

saatma

στέλνω

vanaema
γιαγιά

vanaisa
παππούς

isa
πατέρας

ema
μητέρα

imik
μωρό

tütar
κόρη

poeg
γιος

külaline

καλεσμένος

tädi

θεία

onu

θείος

vend

αδελφός

õde

αδελφή

keha

σώμα

otsmik
μέτωπο
silm
μάτι
õlg
ώμος
sõrm
δάχτυλο
nägu
πρόσωπο
lõug
πιγούνι
käsi
χέρι
jalg
πόδι
rind
στήθος
käsivars
βραχίονας

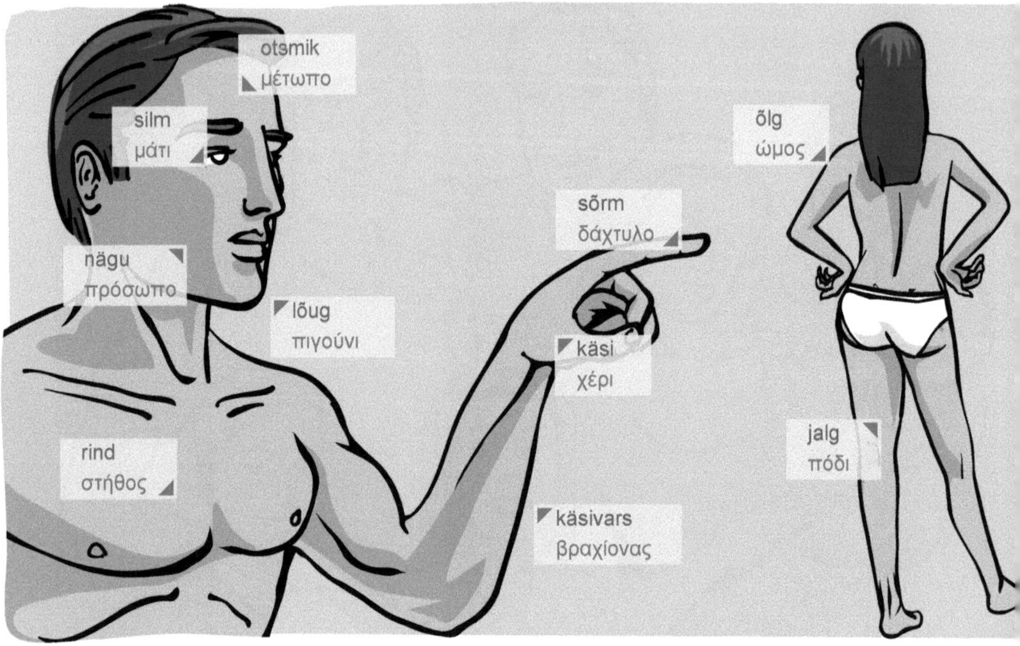

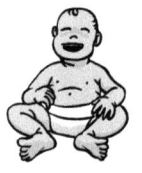

imik
μωρό

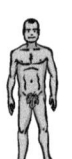

mees
άνδρας

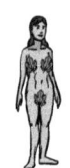

naine
γυναίκα

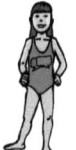

tüdruk
κορίτσι

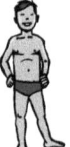

poiss
αγόρι

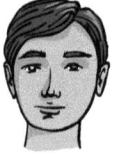

pea
κεφάλι

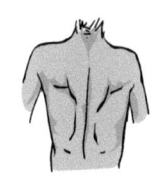

selg
πλάτη

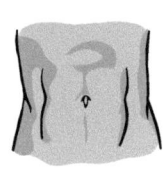

kõht
κοιλιά

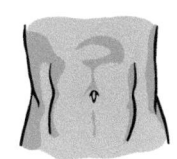

naba
αφαλός

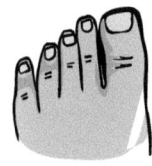

varvas
δάχτυλο ποδιού

kand
φτέρνα

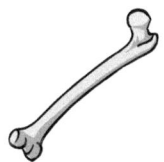

luu
κόκκαλο

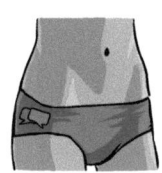

puus
γοφός

põlv
γόνατο

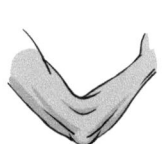

küünarnukk
αγκώνας

nina
μύτη

tagumik
γλουτός

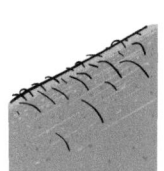

nahk
δέρμα

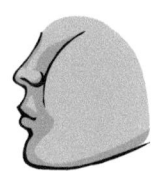

põsk
μάγουλο

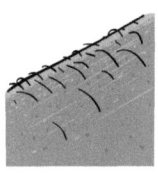

kõrv
αυτί

huuled
χείλος

suu
στόμα

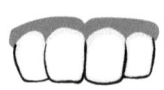

hammas
δόντι

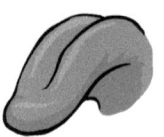

keel
γλώσσα

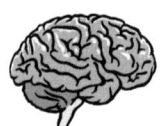

aju
εγκέφαλος

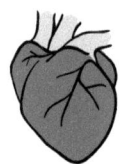

süda
καρδιά

lihas
μυς

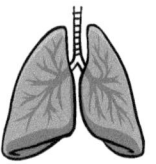

kops
πνεύμονας

maks
συκώτι

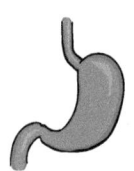

magu
στομάχι

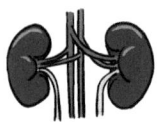

neerud
νεφρά

seksuaalvahekord
σεξουαλική επαφή

kondoom
προφυλακτικό

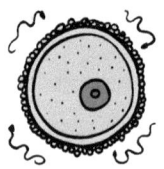

munarakk
ωάριο

sperma
σπέρμα

rasedus
εγκυμοσύνη

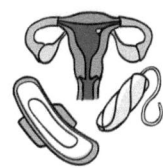

menstruatsioon

περίοδος

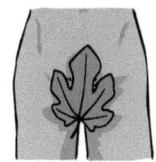

vagiina

γυναικείος κόλπος

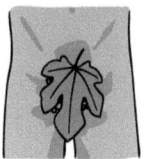

peenis

πέος

kulm

φρύδι

juuksed

μαλλιά

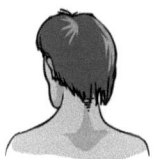

kael

λαιμός

haigla
νοσοκομείο

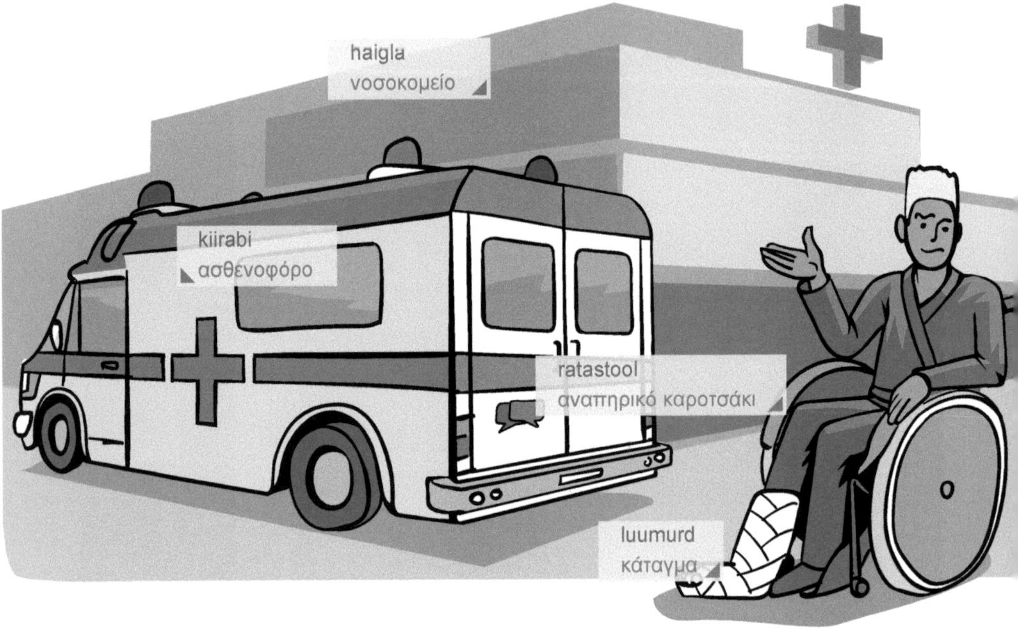

haigla
νοσοκομείο
kiirabi
ασθενοφόρο
ratastool
αναπηρικό καροτσάκι
luumurd
κάταγμα

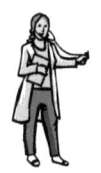

arst

γιατρός

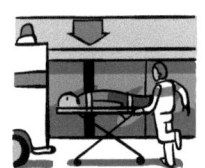

traumapunkt

μονάδα εντατικής θεραπείας

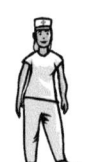

meditsiiniõde

νοσοκόμα

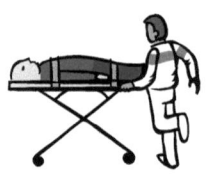

hädaolukord

έκτακτη ανάγκη

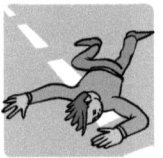

teadvuseta

λιπόθυμος

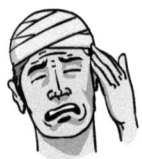

valu

πόνος

vigastus
τραύμα

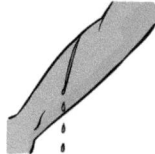

verejooks
αιμορραγία

südamerabandus
έμφραγμα

insult
εγκεφαλικό

allergia
αλλεργία

köha
βήχας

palavik
πυρετός

gripp
γρίπη

kõhulahtisus
διάρροια

peavalu
πονοκέφαλος

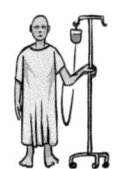

vähk
καρκίνος

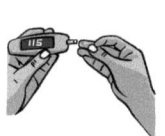

diabeet
διαβήτης

kirurg
χειρουργός

skalpell
νυστέρι

operatsioon
εγχείρηση

KT

αξονική τομογραφία

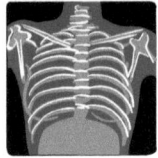

röntgen

ακτινογραφία

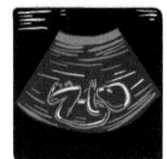

ultraheli

υπέρηχος

mask

μάσκα

haigus

ασθένεια

ooteruum

αίθουσα αναμονής

kark

πατερίτσα

kips

χάνσαπλαστ

side

επίδεσμος

süst

ένεση

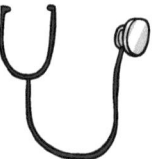

stetoskoop

στηθοσκόπιο

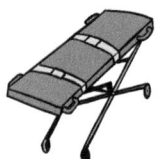

kanderaam

φορείο

kraadiklaas

θερμόμετρο

sünd

γέννηση

ülekaaluline

υπέρβαρο

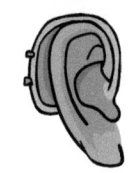

kuuldeaparaat

ακουστικό βαρηκοΐας

desinfektsioonivahend

αντισηπτικό

põletik

λοίμωξη

viirus

ιός

HIV / AIDS

HIV/AIDS

meditsiin

φάρμακο

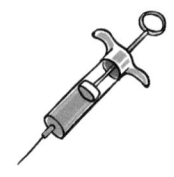

vaktsineerimine

εμβολιασμός

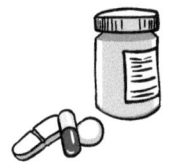

tabletid

δισκία

pill

χάπι

hädaabikõne

κλήση έκτακτης ανάγκης

vererõhuaparaat

πιεσόμετρο αίματος

haige / terve

άρρωστος / υγιής

Appi!

Βοήθεια!

häire

συναγερμός

kallaletung

βιαιοπραγία

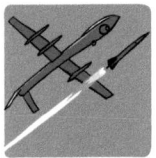

rünnak

επίθεση

oht

κίνδυνος

avariiväljapääs

έξοδος κινδύνου

Tulekahju!

Φωτιά!

tulekustuti

πυροσβεστήρας

õnnetus

ατύχημα

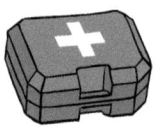

esmaabikomplekt

κουτί πρώτων βοηθειών

SOS

SOS

politsei

αστυνομία

Euroopa

Ευρώπη

Põhja-Ameerika

Βόρεια Αμερική

Lõuna-Ameerika

Νότια Αμερική

Aafrika

Αφρική

Aasia

Ασία

Austraalia

Αυστραλία

Atlandi ookean

Ατλαντικός Ωκεανός

Vaikne ookean

Ειρηνικός Ωκεανός

India ookean

Ινδικός Ωκεανός

Lõuna-Jäämeri

Ανταρκτικός Ωκεανός

Põhja-Jäämeri

Αρκτικός Ωκεανός

põhjapoolus

Βόρειος Πόλος

Iõunapoolus

Νότιος Πόλος

Antarktika

Ανταρκτική

Maa

Γη

maismaa

γη

meri

θάλασσα

saar

νησί

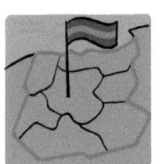

rahvus

έθνος

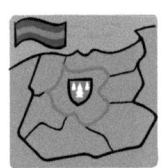

riik

πολιτεία

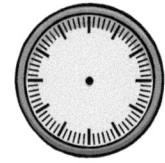

sihverplaat

καντράν ρολογιού

tunniosuti

ωροδείκτης

minutiosuti

λεπτοδείκτης

sekundiosuti

δείκτης δευτερολέπτων

Mis kell on?

Τι ώρα είναι;

päev

ημέρα

aeg

χρόνος

praegu

τώρα

digitaalne kell

ψηφιακό ρολόι

minut

λεπτό

tund

ώρα

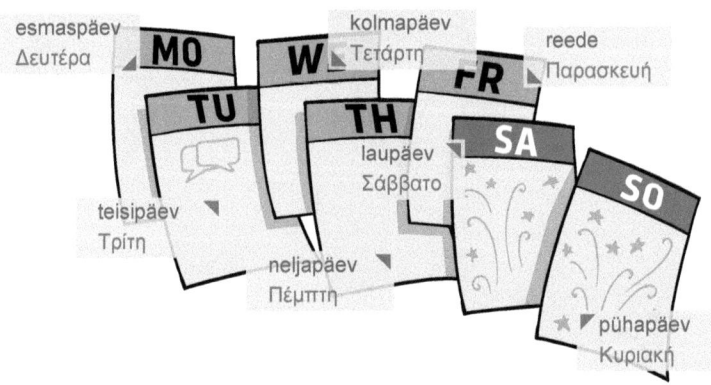

esmaspäev
Δευτέρα

kolmapäev
Τετάρτη

reede
Παρασκευή

teisipäev
Τρίτη

laupäev
Σάββατο

neljapäev
Πέμπτη

pühapäev
Κυριακή

eile
χθες

täna
σήμερα

homme
αύριο

hommik
πρωί

lõuna
μεσημέρι

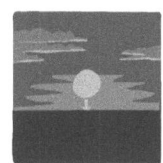

õhtu
βράδυ

MO	TU	WE	TH	FR	SA	SU
1	2	3	4	5	6	7
8	9	10	11	12	13	14
15	16	17	18	19	20	21
22	23	24	25	26	27	28
29	30	31	1	2	3	4

tööpäevad
εργάσιμες ημέρες

MO	TU	WE	TH	FR	SA	SU
1	2	3	4	5	6	7
8	9	10	11	12	13	14
15	16	17	18	19	20	21
22	23	24	25	26	27	28
29	30	31	1	2	3	4

nädalavahetus
Σαββατοκύριακο

aasta
έτος

vihm
βροχή
vikerkaar
ουράνιο τόξο
lumi
χιόνι
tuul
άνεμος
kevad
άνοιξη
sügis
φθινόπωρο
suvi
καλοκαίρι
talv
χειμώνας

4.APRIL 11°
5.APRIL 4°
6.APRIL 13°
7.APRIL 8°
8.APRIL 10°

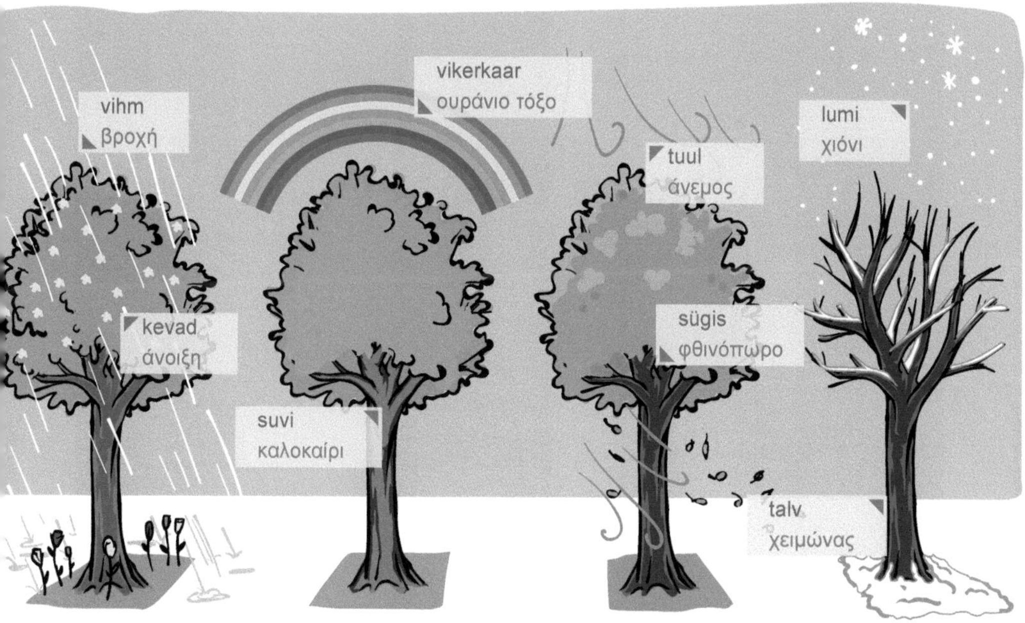

ilmaennustus

πρόγνωση καιρού

F C
120 40
90 30
60 20
30 10
0 0
-30 -10
-20

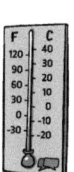

termomeeter

θερμόμετρο

päikesepaiste

λιακάδα

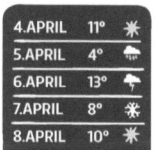

pilv

σύννεφο

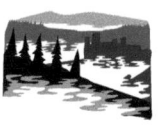

udu

ομίχλη

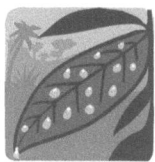

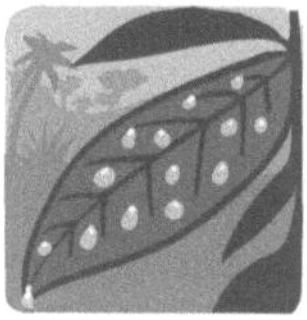

niiskus

υγρασία

pikne

αστραπή

kõu

κεραυνός

torm

καταιγίδα

rahe

χαλάζι

mussoon

μουσώνας

üleujutus

πλημμύρα

jää

πάγος

jaanuar

Ιανουάριος

veebruar

Φεβρουάριος

märts

Μάρτιος

aprill

Απρίλιος

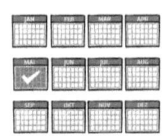

mai

Μάιος

juuni

Ιούνιος

juuli

Ιούλιος

august

Αύγουστος

aasta - έτος

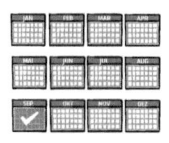

september
Σεπτέμβριος

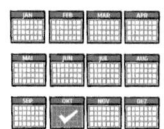

oktoober
Οκτώβριος

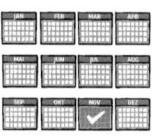

november
Νοέμβριος

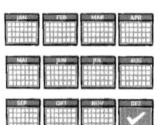

detsember
Δεκέμβριος

ring
κύκλος

ruut
τετράγωνο

nelinurk
ορθογώνιο
παραλληλόγραμμο

kolmnurk
τρίγωνο

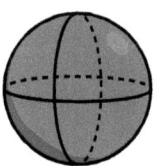

kera
σφαίρα

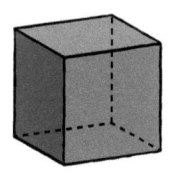

kuup
κύβος

valge

άσπρο

kollane

κίτρινο

oranž

πορτοκαλί

roosa

ροζ

punane

κόκκινο

lilla

μωβ

sinine

μπλε

roheline

πράσινο

pruun

καφέ

hall

γκρι

must

μαύρο

palju / vähe
πολύ / λίγο

vihane / rahulik
θυμωμένος / ήρεμος

ilus / inetu
όμορφος / άσχημος

algus / lõpp
αρχή / τέλος

suur / väike
μεγάλος / μικρός

hele / tume
φωτεινός / σκοτεινός

vend / õde
αδελφός / αδελφή

puhas / must
καθαρός / λερωμένος

täielik / puudulik
πλήρης / ατελής

päev / öö
ημέρα / νύχτα

surnud / elus
νεκρός / ζωντανός

lai / kitsas
φαρδύς / στενός

söödav / mittesöödav

βρώσιμος / μη βρώσιμος

kuri / sõbralik

κακός / ευγενικός

põnevil / tüdinud

ενθουσιασμένος / βαριεστημένος

paks / peenike

παχύς / λεπτός

esimene / viimane

πρώτος / τελευταίος

sõber / vaenlane

φίλος / εχθρός

täis / tühi

γεμάτος / άδειος

kõva / pehme

σκληρός / μαλακός

raske / kerge

βαρύς / ελαφρύς

nälg / janu

πείνα / δίψα

haige / terve

άρρωστος / υγιής

ebaseaduslik / seaduslik

παράνομος / νόμιμος

tark / rumal

έξυπνος / χαζός

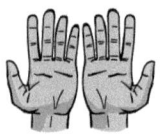

vasak / parem

αριστερός / δεξιός

lähedal / kaugel

κοντινός / μακρινός

vastandid - αντίθετα

uus / kasutatud

καινούριος / μεταχειρισμένος

mitte midagi / midagi

τίποτα / κάτι

vana / noor

γέρος | νέος

sees / väljas

αναμμένος / σβηστός

lahti / kinni

ανοιχτός / κλειστός

vaikne / vali

χαμηλόφωνος / μεγαλόφωνος

rikas / vaene

πλούσιος / φτωχός

õige / vale

σωστός / λανθασμένος

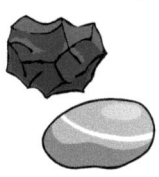

kare / sile

τραχύς / λείος

kurb / rõõmus

λυπημένος / χαρούμενος

lühike / pikk

κοντός / μακρύς

aeglane / kiire

αργός / γρήγορος

märg / kuiv

υγρός / στεγνός

soe / jahe

ζεστός / δροσερός

sõda / rahu

πόλεμος / ειρήνη

0

null

μηδέν

1

üks

ένα

2

kaks

δύο

3

kolm

τρία

4

neli

τέσσερα

5

viis

πέντε

6

kuus

έξι

7

seitse

εφτά

8

kaheksa

οκτώ

9

üheksa

εννιά

10

kümme

δέκα

11

üksteist

έντεκα

12
kaksteist
δώδεκα

13
kolmteist
δεκατρία

14
neliteist
δεκατέσσερα

15
viisteist
δεκαπέντε

16
kuusteist
δεκαέξι

17
seitseteist
δεκαεφτά

18
kaheksateist
δεκαοκτώ

19
üheksateist
δεκαεννέα

20
kakskümmend
είκοσι

100
sada
εκατό

1.000
tuhat
χίλια

1.000.000
miljon
εκατομμύριο

inglise

Αγγλικά

Ameerika inglise

Αμερικάνικα Αγγλικά

mandariini

Μανδαρίνικα Κινέζικα

hindi

Χίντι

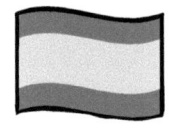

hispaania

Ισπανικά

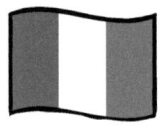

prantsuse

Γαλλικά

araabia

Αραβικά

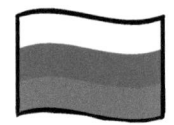

vene

Ρώσικα

portugali

Πορτογαλικά

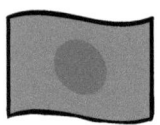

bengali

Μπενγκάλι

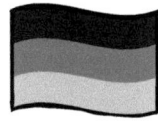

saksa

Γερμανικά

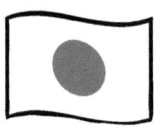

jaapani

Ιαπωνικά

mina

εγώ

sina

εσύ

tema

αυτός / αυτή / αυτό

meie

εμείς

teie

εσείς

nemad

αυτοί / αυτές / αυτά

kes?

ποιος / ποια / ποιο;

mis?

τι;

kuidas?

πώς;

kus?

πού;

millal?

πότε;

nimi

όνομα

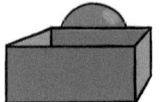

taga

πίσω

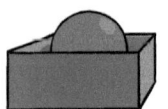

sees

μέσα

ees

μπροστά

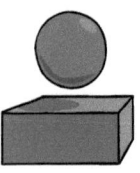

kohal

πάνω από

peal

πάνω

all

κάτω

kõrval

δίπλα

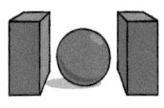

vahel

ανάμεσα

koht

μέρος